À Ewan et Alix
– F.B

À Juliette
– Ninie

Comptines à mimer avec les tout-petits

Dans le jardin de ma main
Sous le toit de mes doigts
de Françoise Bobe et Jeanne Ashbé

Bonjour, monsieur Pouce !
de Ingrid Godon

Picoti, picota !
de Antonin Louchard

Également de Françoise Bobe :
Comptines des sorcières
La pie poète

© Bayard Éditions Jeunesse 2013
ISBN : 978 2-7470 4563-6
Dépôt légal : mai 2013
Loi 49-956 du 16 juillet 1949
sur les publications destinées à la jeunesse
Imprimé en France par Pollina s.a., 85400 Luçon - L64464

Françoise Bobe • Ninie

À petits claps, à petits pas

bayard jeunesse

Clapaclop

C'est l'heure d'la transhumance
Tous les moutons s'élancent
　Qui entend les sabots
　Clapaclop Clapaclop
　De l'âne dans le troupeau
　Clapaclop Clapaclop

Quand tintent les clochettes
Au cou de chaque bête
　Qui entend les sabots
　Clapaclop Clapaclop
　De l'âne dans le troupeau
　Clapaclop Clapaclop

ur les routes les chemins
Au milieu des sapins

    Qui entend les sabots
    Clapaclop Clapaclop
    De l'âne dans le troupeau
    Clapaclop Clapaclop

On donne au petit âne
Une ration d'avoine

    Quand le troupeau s'arrête
    Clapaclop Clapaclop
    Résonne dans sa tête
    Clapaclop Clapaclop

Comme un petit tambour
    Sous son front de velours
Derrière ses yeux clos
    Clapaclop Clapaclop
    Au milieu du troupeau
    Clapaclop Clapaclop
    Derrière ses yeux clos
    Clapaclop
       Cla-pa-clop...

Tout le corps se
balance légèrement
et régulièrement.
Jouer avec le
claquement de
la langue sur le
mot : *Clapaclop*.

Les chevaux

Entendez-vous les sabots
Des chevaux au pas, au pas ?

Entendez-vous les sabots
Des chevaux au trot, au trot ?

 Entendez-vous les sabots
Des chevaux au galop, au galop ?

... *Reprendre au début.*

Imiter le pas des chevaux : frapper dans ses mains, puis main droite sur la cuisse droite, et main gauche sur la cuisse gauche. Accélérer progressivement puis revenir au calme avec les chevaux au pas.

Le lapin-main

Un rondin de bois
Long comme ça.
Derrière le rondin,
Deux oreilles
Longues comme ça.
À qui sont-elles,
Ces longues oreilles ?

Au lapin-main
Qui a couru
Pour voir l'enfant
Assis devant moi !

Placer
l'avant-bras gauche
horizontalement
devant soi.
Les oreilles du lapin
(index et majeur
droits) s'animent
derrière le rondin.

Grenouille bâille

Grenouille grenouillette
Ouvre une **laaar**ge bouche !
  Elle bâille, bâille.
  Soudain passe
  Une mouche gra-ssoui-llette :
  Gloups ! Hummm…

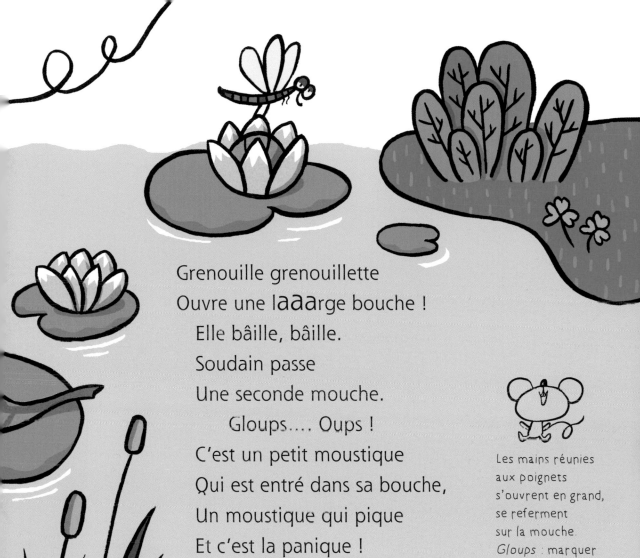

Grenouille grenouillette
Ouvre une **laaa**rge bouche !
Elle bâille, bâille.
Soudain passe
Une seconde mouche.
Gloups.... Oups !
C'est un petit moustique
Qui est entré dans sa bouche,
Un moustique qui pique
Et c'est la panique !

La grenouille ouvre la bouche
Et le moustique prend la fuite !

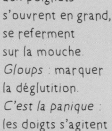

Les mains réunies
aux poignets
s'ouvrent en grand,
se referment
sur la mouche.
Gloups : marquer
la déglutition.
C'est la panique :
les doigts s'agitent
et les pieds
trépignent.

Les gastéropodes n'ont qu'un pied

Les gastéropodes
N'ont qu'un pied
Un seul pied
Les gastéropodes
N'ont qu'un pied pour avancer

Les gastéropodes
Sur un pied
Sur un pied
Les gastéropodes
Visitent tous les sentiers

Ils dressent leurs cornes
Étonnés
Étonnés
Ils dressent leurs cornes
Devant tant de gens pressés

Les gastéropodes
N'ont qu'un pied
Un seul pied
Les gastéropodes
N'ont qu'un pied pour avancer

Faire glisser lentement les deux mains-escargots sur les cuisses. Les « cornes » s'agitent devant tant de gens pressés !

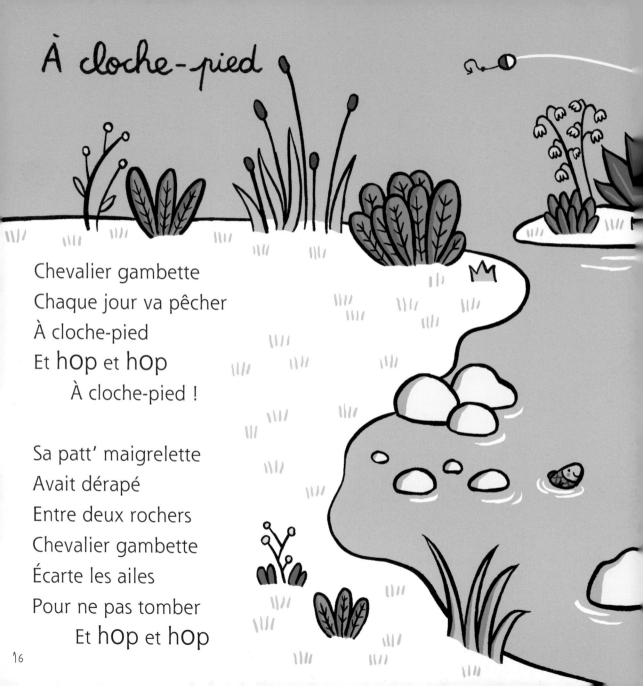

À cloche-pied

Chevalier gambette
Chaque jour va pêcher
À cloche-pied
Et hop et hop
    À cloche-pied !

Sa patt' maigrelette
Avait dérapé
Entre deux rochers
Chevalier gambette
Écarte les ailes
Pour ne pas tomber
    Et hop et hop

Le bel échassier
Chaque jour va pêcher
À cloche-pied
Et hOp et hOp
À cloche-pied
Et hOp et hOp
À cloche-pied

*Avec tout le corps :
se déplacer à
cloche-pied en
écartant les bras.*

*Avec les doigts :
l'index est la patte
sur laquelle l'oiseau
se tient, le majeur
et l'annulaire sont
repliés. Le pouce
et l'auriculaire
sont les ailes qui
s'ouvrent pour
avancer.*

Monsieur Le-Raton-Laveur

Monsieur Le-Raton-Laveur
A le savon le meilleur
Pour laver son pantalon
Et il **frotte frotte frotte**
Et donn' des coups de battoir
Sur la planche du lavoir

Monsieur Le-Raton-Laveur
S'applique à rendre bien propre
Les revers du pantalon
Et il **frotte frotte frotte**
Et donn' des coups de battoir
Sur la planche du lavoir

Monsieur Le-Raton-Laveur
Au bord de la grand' rivière
Frott' sur l'endroit, sur l'envers

Et il **frotte** **frotte** **frotte**
Et donn' des coups de battoir
Sur la planche du lavoir

Voici enfin tout propre
Le pantalon du raton !

Avec les poings, on frotte les cuisses en créant un rythme. Bien faire claquer les paumes pour les *coups de battoir*.

19

Monsieur Mille-Pattes

1... 2... 3... 4
Monsieur Mille-Pattes
4... 5... 6... 7
Mets ses lunettes

1... 2... 3... 4
Monsieur Mille-Pattes
4... 5... 6... 7
Mets ses chaussettes
7... 8... 9... 10
Quel exercice !

1... 2... 3... 4
Monsieur Mille-Pattes
4... 5... 6... 7
Court faire la fête
7... 8... 9... 10
Plein de malice
10... 11... 12... 13
Dans l' carré d' fraises
Hummm !

1... 2... 3... 4
Monsieur Mille-Pattes
4... 5... 6... 7
Court faire la fête…
dans la sarriette !

Mais un peu plus tard…

1... 2... 3... 4...
À toutes pattes
4... 5... 6... 7
Quitte l'assiette
7... 8... 9... 10
De Maélïs
10... 11... 12... 13
Qui mange des fraises
Hummm !

Utiliser
les percussions
corporelles
ou un instrument
pour donner
le rythme des pas
du mille-pattes, en
accélérant à la fin.

Les volets ne cessent de claquer

Le vent souffle, souffle,
Le vent souffle fort

Le vent souffle, souffle,
Le vent souffle...

Et tous les volets
Ouverts - fermés
Ouverts - fermés
Ne cessent de claquer
Ouverts - fermés
Ouverts - fermés

Chuuut !
Écoutez,
Le vent a cessé.

Synchroniser pieds
et mains ouverts
ou fermés.
Claquer les mains
l'une contre l'autre
à chaque fermeture.

23

Sur les talons

À reculons
Un petit pas
Sur les talons
Deux autres pas
Puis en avant :
un pas de géant

À reculons
Deux petits pas
Trois autres pas
Sur les talons
Puis en avant :
un pas de géant

Attention,
ce géant-là
A l'estomac
Dans les talons.

Cache vite
Tous tes bonbons !

Avec le corps :
se déplacer
comme indiqué.

Avec les doigts :
faire avancer et
reculer l'index
et le majeur.

Dans les deux
cas, les mains
se cachent dans
le dos à la fin.

Sur ses ergots

Ce matin Coquelet
Très tôt a couru
Au sommet du talus.
Dressé sur ses ergots
Pour être bien entendu
Coquelet a chanté :
COcOrIcO KIkEriki
KIkEriki COcOrIcO

Puis il s'est élancé
Pour descendre le talus.
Dressés sur leurs ergots
Devant le poulailler,
Les poussins l'attendaient
Pour apprendre à chanter :
COcOrIcO KIkEriki
KIkEriki COcOrIcO

Incliner le bras gauche, coude levé. Le coq (index-majeur de la main droite) court jusqu'au coude et chante : pouce et index forment le bec. Le poulailler est représenté par la main gauche ouverte.

27

Trotte-menu

Trotte-menu à petits pas
Dansent tous en rond
Trotte-menu à petits pas
N'ont pas peur du chat fripon
Et pourtant, pourtant...
Le vieux matou
A l'œil sur tout
Et des griffes surtout !

Trotte-menu,
Rentrez vite
À la maison !

Tous les doigts
pianotent
en se déplaçant
sur les genoux
ou sur un support.
Puis les mains
disparaissent
dans le dos.

Kangourou dans la prairie

Kangourou dans la prairie,
Qu'il soit roux, qu'il soit gris,
Pattes pliées sous le menton,
Soulève ses deux pieds trop longs,
Fait un bond, fait deux bonds,
Puis s'arrête, penche la tête...

De sa poche, le petit
Fait les yeux doux et sourit.

Kangourou le tout petit,
Qu'il soit roux, qu'il soit gris,
Pattes pliées sous le menton,
Soulève ses deux pieds trop longs,
Fait un bond, fait deux bonds,
Puis s'arrête, hoche la tête...

Fait les yeux doux et sourit
Pour retourner dans la poche !

Prendre la pose
du kangourou,
le dos légèrement
arrondi.
On mime l'attitude
de la maman, puis
celle du petit.

31

La ronde des tapis

Mes dix petits orteils
Ne sont pas tous pareils.

Le gros pouce que voici aime les tapis de mousse
Le deuxième préfère les tapis de coton
Le troisième s'amuse du paillasson
Le quatrième n'aime que les plumes de l'édredon
Le cinquième trouve rigolo le tapis de noyaux.

Mes dix petits orteils
Ne sont pas tous pareils
Mais tous ensemble ils aiment
La chaleur de mes chaussons qui les rassemblent.

Exploration tactile, les pieds nus. Marcher puis s'arrêter sur différents tapis à l'écoute des sensations. On peut ajouter le bois du plancher, un sol froid...

Tip Tap Top

Tip Tap TOp
Tape des pieds

Tip Tap TOp
Tape des pieds
Cligne des yeux

Tip Tap TOp
Tape des pieds
Cligne des yeux
Ferme les poings

Tip Tap TOp
Tape des pieds
Cligne des yeux
Ferme les poings
Et remue le popotin

Mimer chaque
action... sans
se tromper!
Marquer une
courte pause
entre chaque
couplet.

Tous les marmottons

Refrain :

À petits petons

Tous les marmottons

Filent se coucher

Au fond du terrier

À petits petons

Chez les marmottons

Allez se coucher

Ce n'est pas compliqué

Ils brossent leurs quenottes

Lissent leur fourrure

Leur douce couverture

Pas b'soin de bouillotte

Quand on est marmotte

Refrain

Sur un lit de foin
Aux parfums de fleurs
Marmottons rêveurs
Au ventr' polochon
S'installent en rond

Refrain

Just'un p'tit baiser
Sur le bout du nez
Et ils sont heureux
Tous pelotonnés
Nez contre nez

À dire, à chanter,
à mimer lors de
saynètes en petits
groupes ou à la
maison avant de
s'endormir.